FRAG DAS

UNIVERSUM

EIN BUCH, DAS DIR ANTWORTEN GIBT

CONNOR BRAN

Impressum:
Bibliografische Information der Deutschen Nationalbibliothek
Die Deutsche Nationalbibliothek verzeichnet diese Publikation
in der Deutschen Nationalbibliografie; detaillierte bibliografische
Daten sind im Internet über http://dnb.d-nb.de abrufbar.

Veröffentlicht über Tredition
Januar 2024
2. Auflage
Alle Rechte vorbehalten
Copyright © 2024 Connor Bran
Texte: © Copyright by Connor Bran
Druck: Tredition
Coverdesign: Valmont Coverdesign
Bildmaterial: Canva, Pixabay, Midjourney
Layout: Verena Valmont

Connor Bran
Mittelheide 23
49124 Georgsmarienhütte
Deutschland

WILLKOMMEN ZU DEINEM PERSÖNLICHEN ORAKEL

DAS LEBEN VERLANGT SO UNENDLICH OFT VON UNS, DASS WIR ENTSCHEIDUNGEN TREFFEN. OFT WISSEN WIR NICHT OB ES DIE RICHTIGEN ENTSCHEIDUNGEN SIND DIE WIR TREFFEN. MANCHMAL IST DIE AUSWAHL DIE UNS DAS LEBEN AUFTISCHT AUCH VIEL ZU GROSS UND WIR KÖNNEN UNS GARNICHT FÜR EINEN WEG ENTSCHEIDEN. DAFÜR HAST DU JETZT DEIN ORAKEL. ES WIRD DIR SO MACHE ENTSCHEIDUNG ABNEHMEN, ODER DIR SELBST DEINE ENTSCHEIDUNG ERLEICHTERN.

DER RAT EINES ORAKELS, IST NICHT IMMER DER LEICHTESTE WEG, ABER VERTRAUE AUF DIE MYSTERIÖSE UND FASZINIERENDE MACHT WELCHE IN ORAKELN INNE WOHNT DIESES ORAKEL KANNST DU BELIEBIG OFT NUTZEN UND FRAGEN ZU DEINEM LEBEN STELLEN. BERUFLICHE ENTSCHEIDUNGEN LIEBESENTSCHEIDUNGEN AUSSUCHEN DES NÄCHSTEN URLAUBSORTES AUCH KLEINIGKEITEN WIE DAS NÄCHSTE OUTFIT ...UND ZU VIELEN ANDEREN FRAGEN, KANNST DU HIER ANTWORTEN BEKOMMEN. DOCH AM ENDE MUSST DU SELBST

ENTSCHEIDEN, OB DU DEM RATSCHLAG DES ORAKELS FOLGEN MÖCHTEST, ODER NICHT.

JETZT ERKLÄRE ICH DIR, WIE DU DIESES ORAKEL UND DIE MACHT DER GÖTTER WELCHE IN IHM IST NUTZTEN KANNST.

LEGE DAFÜR DEINE HAND, MIT DER INNENFLÄCHE, AUF DAS KRAFTSYMBOL DER NÄCHSTEN SEITE. WENN EIN LEICHTES KRIBBELN, ODER EIN LEICHTES GEFÜHL ENTSTEHT, WELCHES SICH WIE EIN KLEINER STROMSTOSS ANFÜHLT, IST DAS GANZ NORMAL.

LAS DIE HAND AUF DEM KRAFTSYMBOL UND RUF DIR DIE FRAGE, DIE DU DEM ORAKEL STELLEN WILLST, INS GEDÄCHTNIS. NUN SPRICH DIE FRAGE IN DEUTLICHEN WORTEN AUS.
LASS MIT DER ANDEREN HAND DIE BUCHSEITEN DURCH DEINE FINGER GLEITEN.

HALTE INNE, WENN DU MEINST, ES SEI DER RICHTIGE MOMENT UND ÖFFNE DANN DAS BUCH.
DIE AUFGESCHLAGENE SEITE GIBT DIR DIE ANTWORT AUF DEINE FRAGE.

DU MACHST DIR GRUNDLOS SORGEN

C B
DEIN ORAKEL

DEIN WUNSCH WIRD IN ERFÜLLUNG GEHEN

C B
DEIN ORAKEL

ICH WÜRDE ES VERSUCHEN

C B
DEIN ORAKEL

BALD WIRD ALLES VIEL LEICHTER HALTE DURCH

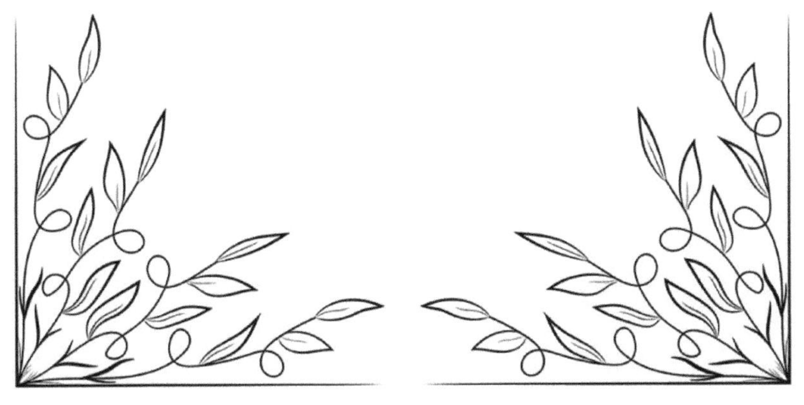

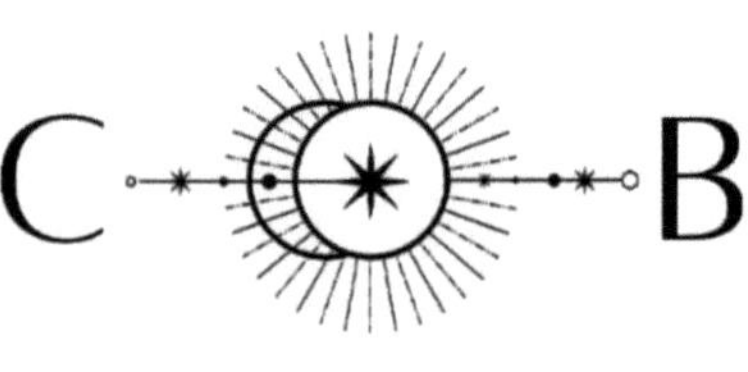
C B
DEIN ORAKEL

Nichts ist für die Ewigkeit

C B
DEIN ORAKEL

Nein
Aber hoffe
Auf das beste

C B
DEIN ORAKEL

DAS WIRD NICHT EINFACH

C B
DEIN ORAKEL

WENN DU DIR SICHER BIST, SOLLTEST DU ES VERSUCHEN

C B
DEIN ORAKEL

STEINE LIEBEN
IMMER IM WEG,
ABER MAN
KANN SIE
ÜBERWINDEN!

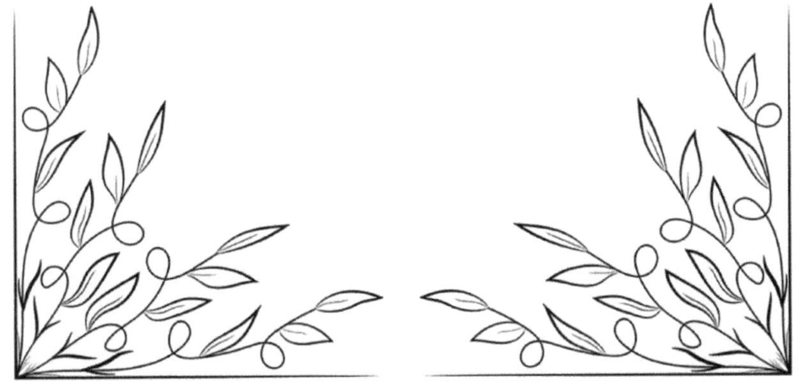

C B
DEIN ORAKEL

Versuche es und du wirst sehen!

C B
DEIN ORAKEL

ES IST NOCH NICHT DIE RICHTIGE ZEIT!

C B
DEIN ORAKEL

JA DU BIST
BEREIT!

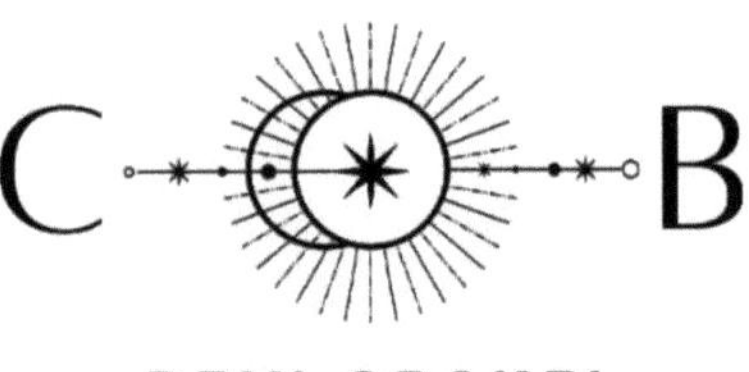

C B
DEIN ORAKEL

SAMMEL ERST
MEHR KRAFT!

C B
DEIN ORAKEL

DU MUSST NOCH MEHR DAHINTER STEHEN!

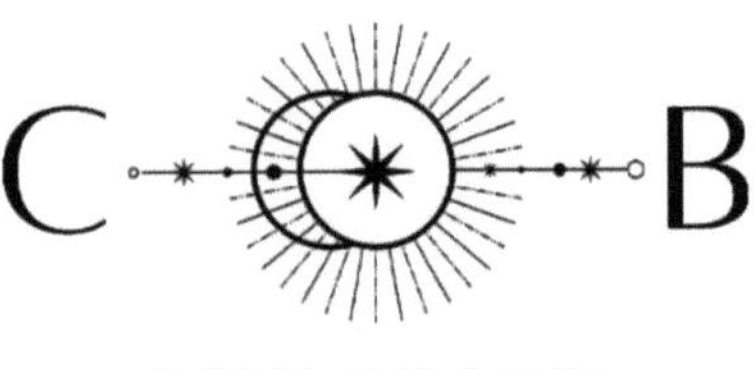

C   B
DEIN ORAKEL

NEIN!

C B
DEIN ORAKEL

DU BIST NOCH NICHT BEREIT DAFÜR!

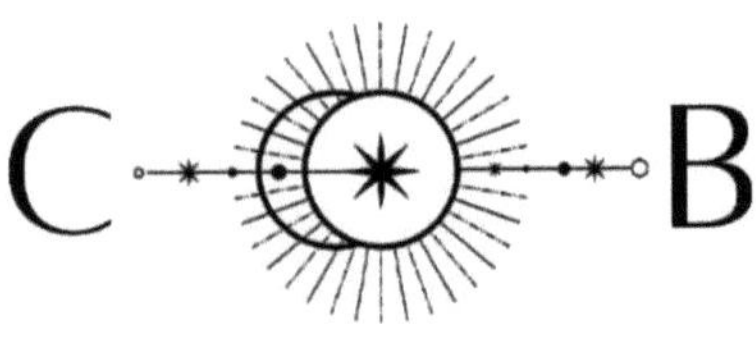
C B
DEIN ORAKEL

DU MUSST
DICH
WOHLFÜHLEN!

MACHT DEIN VORHABEN DICH, ODER ANDERE GLÜCKLICH?

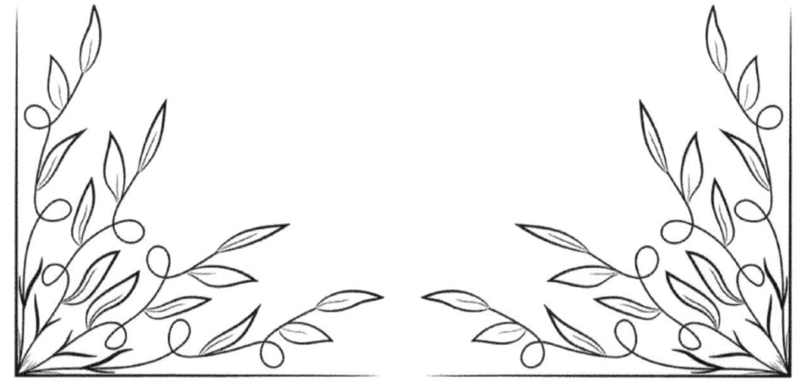

C B
DEIN ORAKEL

DU MUSST KEINE ANSGT HABEN!

C B
DEIN ORAKEL

ES GIBT MENSCHEN DIE DICH LIEBEN!

C B
DEIN ORAKEL

HABE GEDULD, SIE WIRD SICH AUSZAHLEN!

JA, DAS SOLLTE KLAPPEN!

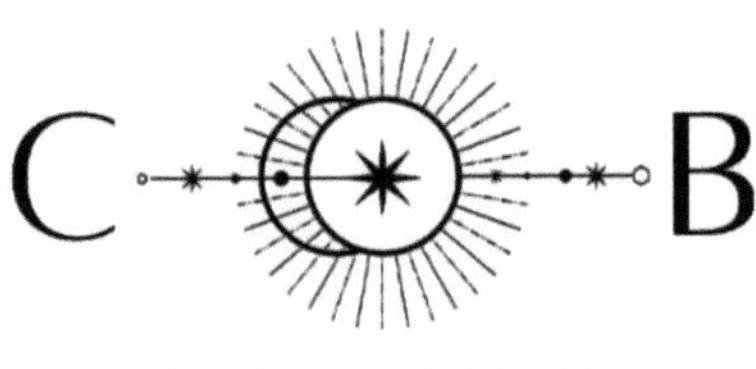

DEIN ORAKEL

GIB NICHT AUF!

C B
DEIN ORAKEL

SCHLAF NOCH EINE NACHT DARÜBER

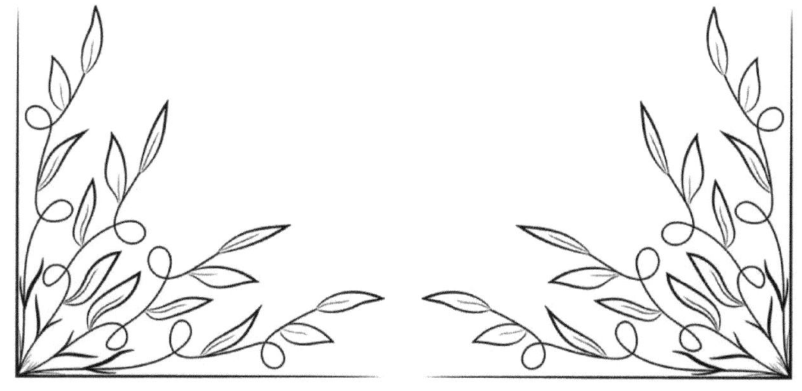

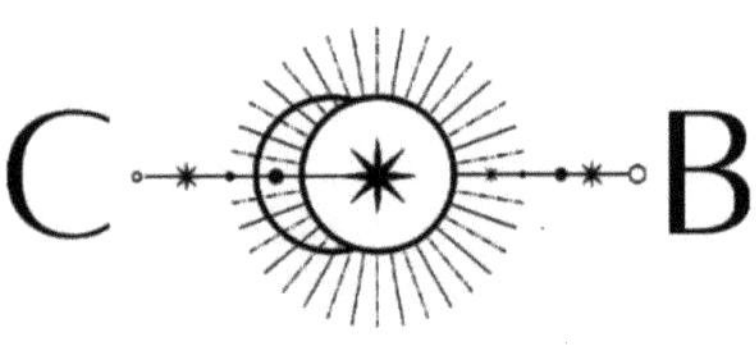
C B
DEIN ORAKEL

DAS
SOLLTEST DU
NICHT
MACHEN!

MACH DAS
NICHT
ALLEINE!

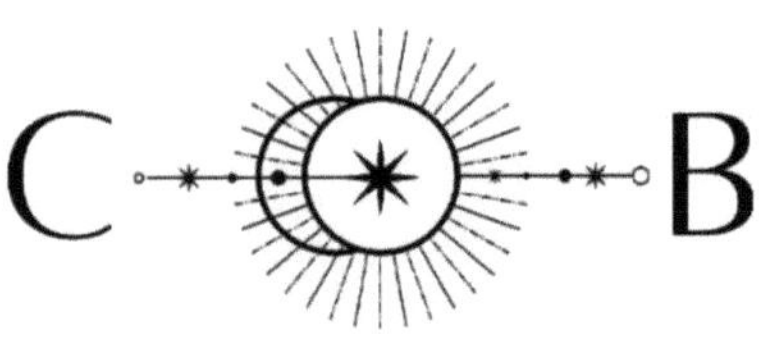

C B
DEIN ORAKEL

SCHLUCK
NICHT
IMMER ALLES
RUNTER!

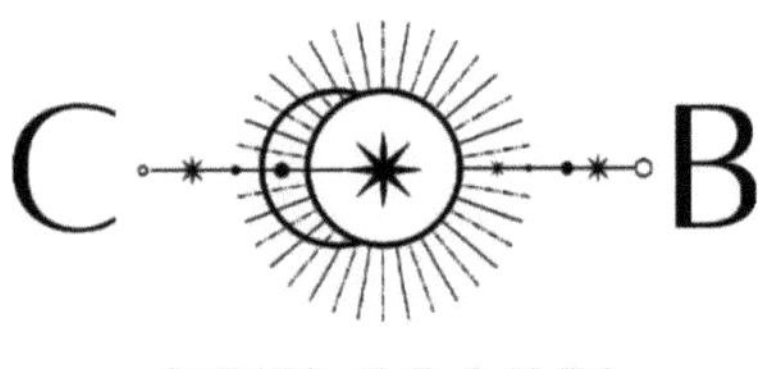
C B
DEIN ORAKEL

HALTE
DURCH!

SAG WAS
DICH STÖRT!

C B
DEIN ORAKEL

WENN DU DEINEN GANZEN CHARME EINSETZT!

DEIN ORAKEL

BALD WIRST DU ES WISSEN!

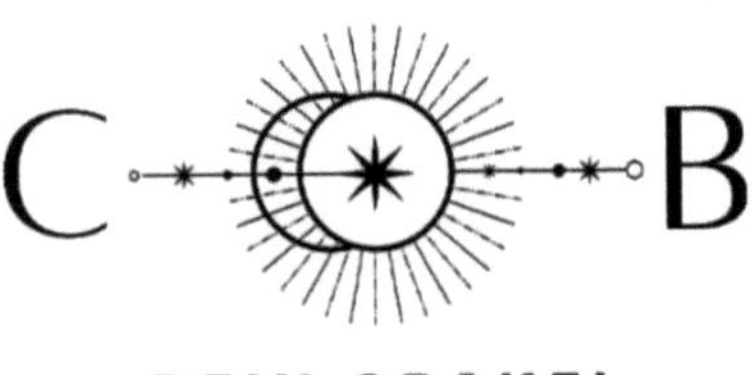

LANGSAMER DU
BIST ZU SCHNELL!

C B
DEIN ORAKEL

Nimm es dir nicht so zu Herzen!

C B
DEIN ORAKEL

DU WIRST ES SEHEN, DEIN LEBEN GEHT WEITER!

C B
DEIN ORAKEL

DU WIRST BALD EIN ANDERES GLÜCK GENIESSEN!

DARUM MUSST DU DICH SELBER KÜMMERN!

C B
DEIN ORAKEL

DU MUSST NUR
FANTASIE HABEN!

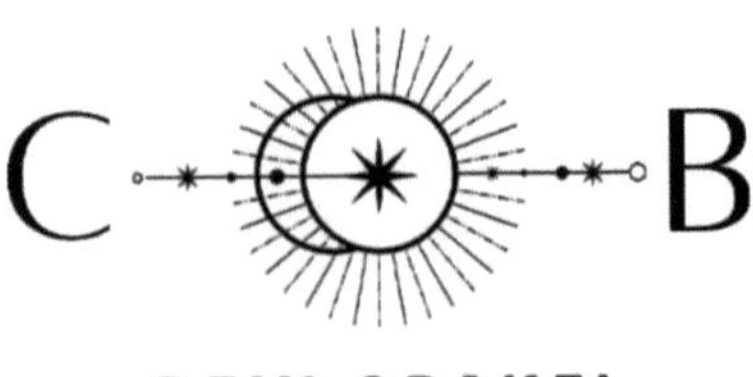
C B
DEIN ORAKEL

WARTE AB. DIR LÄUFT NICHTS WEG, DU HAST ZEIT!

C B
DEIN ORAKEL

JA DAS KANNST DU MACHEN!

Auch wenn es nicht danach aussieht, es wird gut gehen!

C B
DEIN ORAKEL

ES GIBT FÜR ALLES DEN RICHTIGEN ZEITPUNKT!

C B
DEIN ORAKEL

An dieser Herrausforderung wirst du wachsen!

C B
DEIN ORAKEL

DIE ABSICHT IST
RICHTIG
DIE ENTSCHEIDUNG
NICHT GANZ!

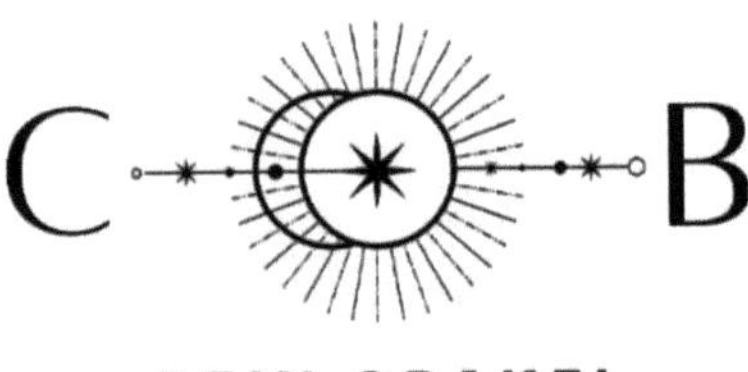

NICHTS IST EINFACH
GIB NICHT AUF

DU BIST ZU UNGEDULDIG ALLES ZU SEINER ZEIT!

C B
DEIN ORAKEL

DEINE ERWARTUNGEN SIND ZU HOCH!

C B
DEIN ORAKEL

ES IST
ZEITVERSCHWENDUNG
DARÜBER
NACHZUDENKEN!

C B
DEIN ORAKEL

DIE ZEIT IST NOCH NICHT REIF SICH ZU ENTSCHEIDEN!

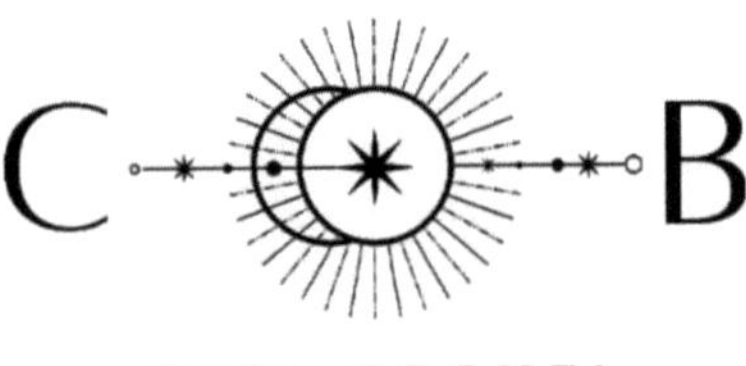

C B
DEIN ORAKEL

ES DAUERT NICHT MEHR LANGE!

DEIN ORAKEL

DU VERLIERST ETWAS UND DU GEWINNST ETWAS!

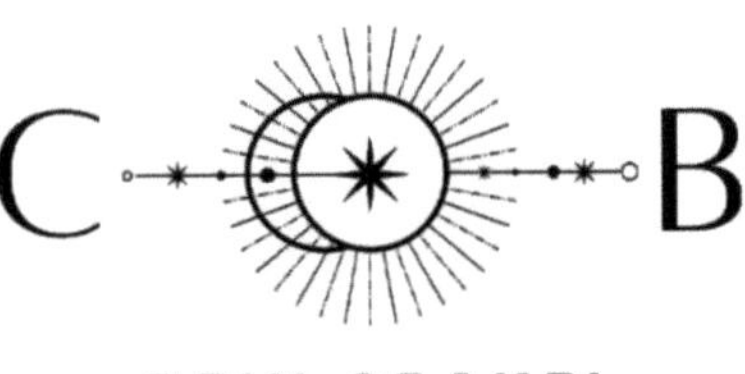
C B
DEIN ORAKEL

LAS DEN ANDEREN
DEN ERSTEN
SCHRITT MACHEN!

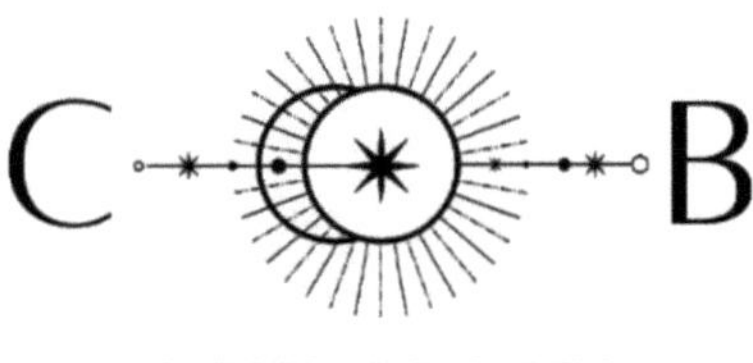
C B
DEIN ORAKEL

OHNE PLAN WIRD ES NICHT GELINGEN!

SPRICH ES
OFFEN AN!

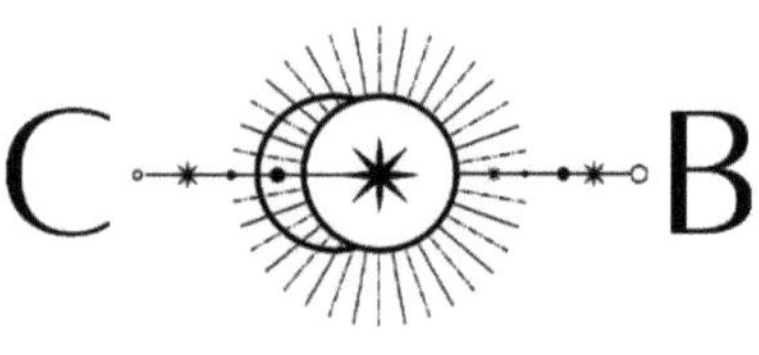

C B
DEIN ORAKEL

BEEIL DICH!

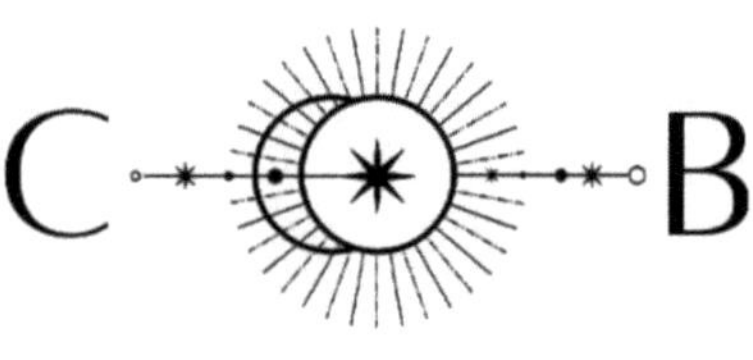
C B
DEIN ORAKEL

JETZT ODER NIE!

C B
DEIN ORAKEL

WARTE AB!

BLOSS NICHT DEN KOPF VERLIEREN!

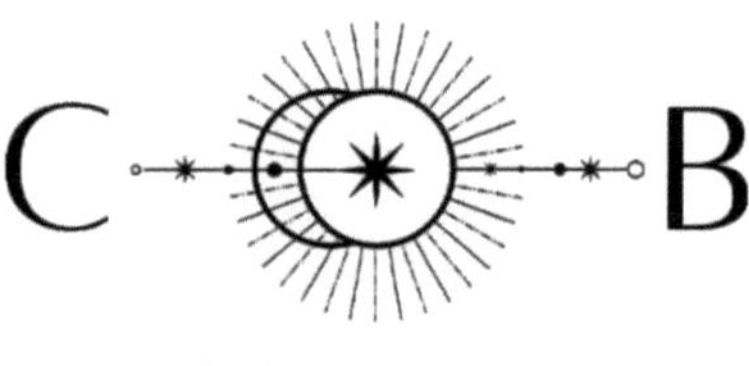
C B
DEIN ORAKEL

Musst du das noch fragen?

DEIN ORAKEL

SIE DEN TATSACHEN INS GESICHT!

C B
DEIN ORAKEL

DAS IST DIE FALSCHE FRAGE!

C B
DEIN ORAKEL

SOLANGE, WIE DU ES ZULÄSST!

SUCHE DEIN
EIGENES GLÜCK,
NICHT
DAS EINES ANDEREN!

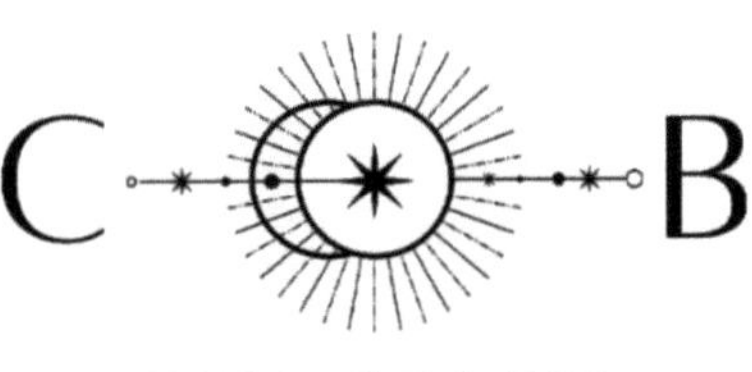
C B
DEIN ORAKEL

Alles geht
einmal vorbei!

WARUM ZWEIFELST DU DARAN?

C B
DEIN ORAKEL

HÖR AUF DEINE
INNERE STIMME!

C B
DEIN ORAKEL

Morgen wirst du es wissen!

DEIN ORAKEL

GIB ES AUF, NICHT ALLES KANN KLAPPEN!

C B
DEIN ORAKEL

DENK NICHT
DARÜBER NACH!

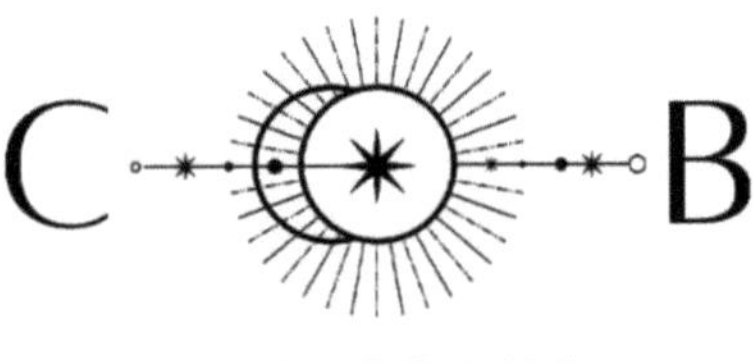
C B
DEIN ORAKEL

UNTER DIESEN UMSTÄNDEN WIRD ES SCHWIRIG!

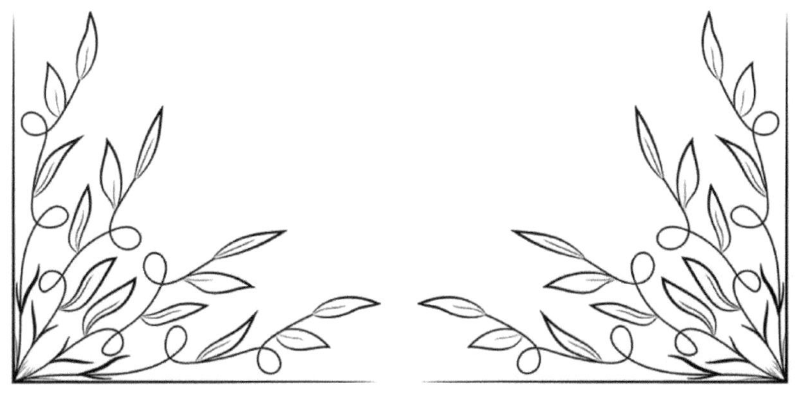

C B
DEIN ORAKEL

ES KOMMT
WIE ES KOMMEN
MUSS!

C B
DEIN ORAKEL

DU BIST ZU WEIT
GEGANGEN,
BRINGE ES
WIEDER IN
ORDNUNG!

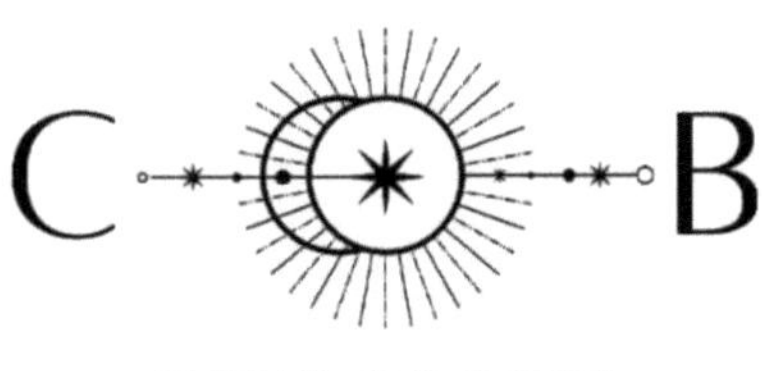

DEIN ORAKEL

ES WIRD NICHT
LEICHT, ABER ES
WIRD KLAPPEN!

C B
DEIN ORAKEL

DU MACHST DIR
ZU VIEL STRESS.
MORGEN IST AUCH
NOCH EIN TAG!

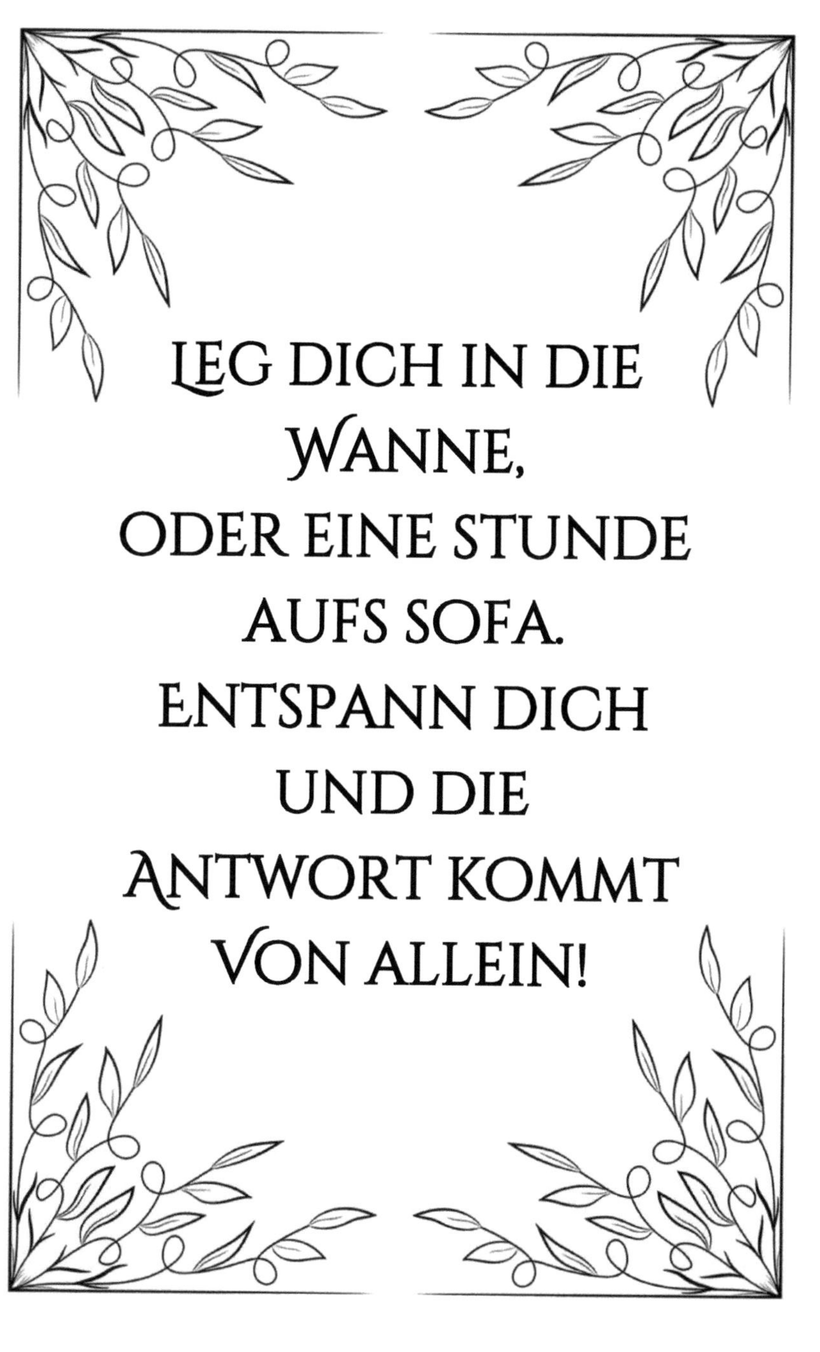

LEG DICH IN DIE
WANNE,
ODER EINE STUNDE
AUFS SOFA.
ENTSPANN DICH
UND DIE
ANTWORT KOMMT
VON ALLEIN!

C B
DEIN ORAKEL

KOMM ERSTMAL
WIEDER AUF
DEN BODEN
DER TATSACHEN!

Mit Ruhe
und Zuversicht,
kommt man
besser ans Ziel!

C B
DEIN ORAKEL

DU MUSST DICH
INTENSIVER
DAMIT BEFASSEN!
DANACH WIRD ES
DIR LEICHTER FALLEN.

C B
DEIN ORAKEL

SO EINFACH IST
DAS NICHT!

C B
DEIN ORAKEL

SEI NICHT SAUER,
BALD IST DIE WELT
WIEDER IN
ORDNUNG!

C B
DEIN ORAKEL

HEUTE HABEN DIE
GÖTTER KEINE
ANTWORT
AUF DEINE FRAGE!

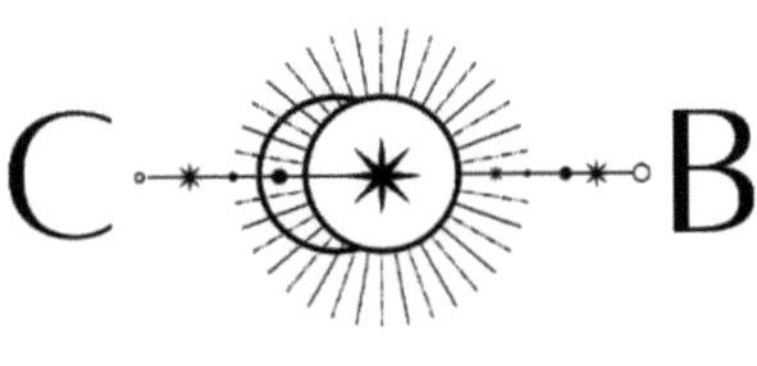
C B
DEIN ORAKEL

JEDE WUNDE HEILT
AUCH WIEDER,
MANCHE
BRAUCHEN NUR
MEHR ZEIT!

C B
DEIN ORAKEL

EIN GUTES GESPRÄCH HILFT IMMER!

C B
DEIN ORAKEL

DU MUSST DICH DURCHSETZTEN KÖNNEN!

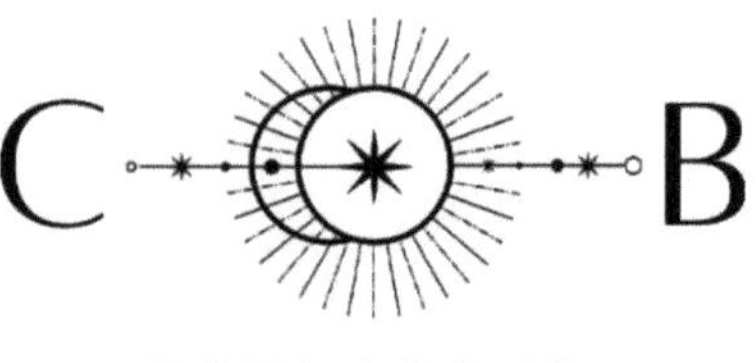
C B
DEIN ORAKEL

ZIEHE EINEN SCHLUSSSTRICH UND HALTE DURCH!

C B
DEIN ORAKEL

WENN ES NICHT
KLAPPT, BIST DU
UM EINE
ERFAHRUNG
REICHER!

C B
DEIN ORAKEL

OHNE NEGATIVE ERFAHRUNGEN, KÖNNTEST DU DIE POSTITIVEN NICHT ZU SCHÄTZEN WISSEN!

C B
DEIN ORAKEL

GEH ES
GELASSEN AN!

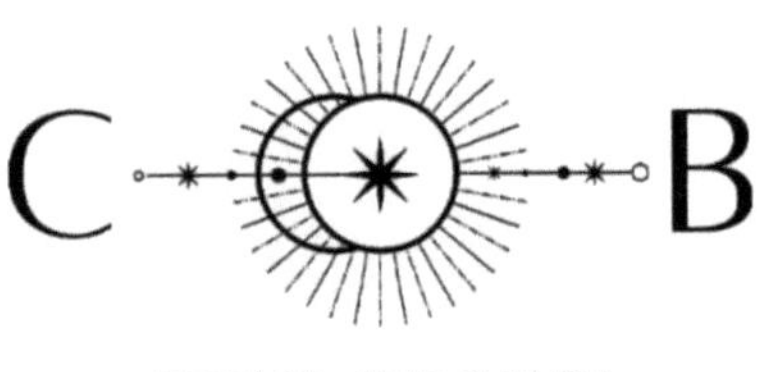
C B
DEIN ORAKEL

DA MUSST DU
LEIDER DURCH,
DOCH MACHT ES
DICH AM ENDE
STÄRKER!

C B
DEIN ORAKEL

GEHT EINE TÜR IM
LEBEN ZU, ÖFFNET
SICH SCHON BALD
EINE NEUE!

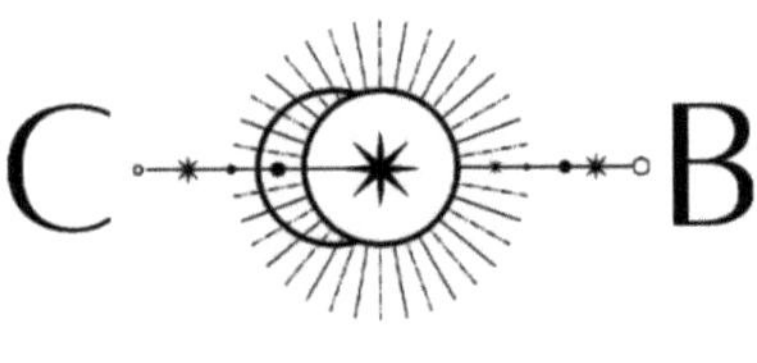
C B
DEIN ORAKEL

DAS KANNST DU SELBST BEEINFLUSSEN!

C B
DEIN ORAKEL

ES WIRD ALLES WIEDER GUT!

DU MUSST NUR
FEST DARAN
GLAUBEN, DASS ES
GUT WIRD!

C B
DEIN ORAKEL

NEIN!
ABER ETWAS ANDERS
AUFREGENDES,
WIRD AUF
DICH ZUKOMMEN!

WENN ANDERE ÜBER DICH REDEN, BEDEUTET DAS. DU BIST INTERESSANTER ALS IHR EIGENES LEBEN!

C B
DEIN ORAKEL

GLAUB NICHT
WAS ANDERE SAGEN,
HÖR AUF DEINE
INNERE STIMME!

C B
DEIN ORAKEL

DIE DINGE WERDEN SICH ÄNDERN!

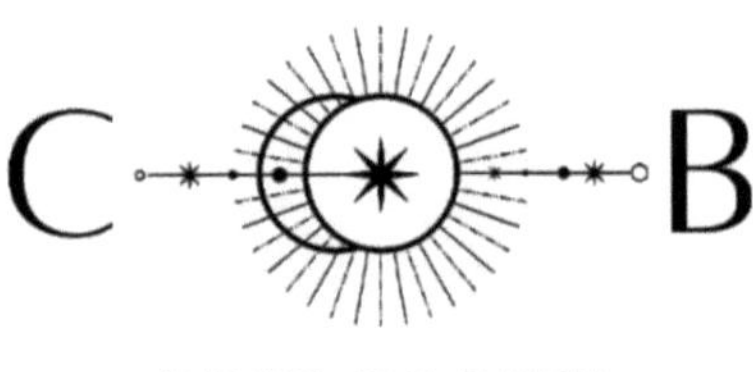

DEIN ORAKEL

DAFÜR BRACHST DU
MUT, ABER DEN HAST
DU BESTIMMT!

C B
DEIN ORAKEL

VERBIEGE DICH
NICHT FÜR ANDERE
MESCHEN, BLEIB
IMMER DU SELBST!

C B
DEIN ORAKEL

ALLES HAT
EINEN SINN!

C B
DEIN ORAKEL

JETZT SCHMERZT ES.
IRGENDWANN
KANNST DU DARAUF
ZURÜCKBLICKEN UND
STOLZ AUF DICH SEIN!

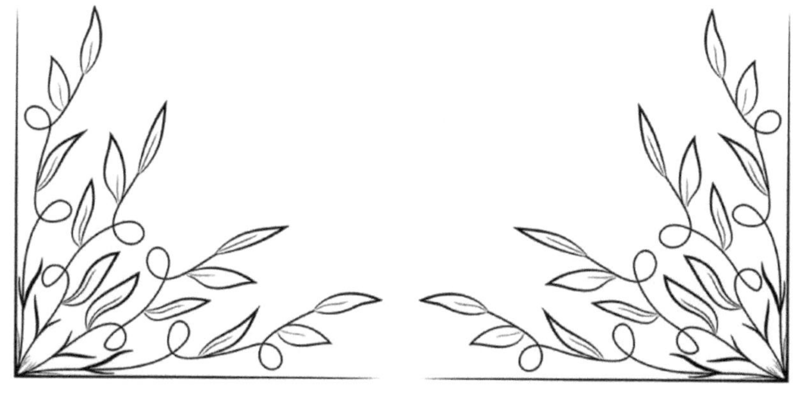

SEI EINFACH MAL
STOLZ AUF DAS WAS
DU GESCHAFFT HAST!

C B
DEIN ORAKEL

ICH WÜRDE
ES VERSUCHEN!

C B
DEIN ORAKEL

STEH AUF,
DU BIST STARK.
VERSUCH
ES EINFACH WEITER!

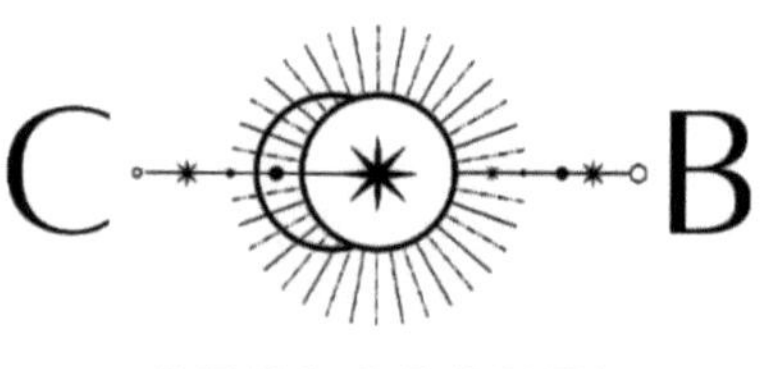
C B
DEIN ORAKEL

AUCH DAS WIRST DU SCHAFFEN, DU HAST SCHON SO VIEL ÜBERWUNDEN!

Ausgegrenzt
Mobbing aus verschiedenen Perspektiven
CARSTEN BURKHARDT
BURKHARDT
Books

mein BUCH mein LEBEN

Alles ist möglich

Florence Burkhardt & Carsten Burkhardt

BURKHARDT Books